沖縄 今帰仁「波羅蜜」の料理

カレー、
ときどき水餃子

根本きこ

PĀRAMITĀ
coffee&good meal
OPEN FRI SAT SUN MON
nakijin nakasone 278-3

KADOKAWA

はじめに

「きこちゃん、最近はどんな料理を作ってるの？」と、編集者の赤澤さんに聞かれ、思えば、カレーばかり作っているなと気がついた。で、ときどき水餃子。

なぜカレーかというと、沖縄という土地柄がおのずとそうさせるのであろう。食材、特にスパイスやハーブが南インドやタイといったアジア圏と親和性がたかく、旅先で食べたあの味だったり、すぐさまトリップできるような各国の料理本からだったりと、まるで旅の続きみたいにカレーを作ることを満喫している。

「ああ、たのしい」と心から思えるのは、そんな南国沖縄の風土があってこそ。

島に移住して10年になるけれど、いまだにパパイアの木が青々とした実をたわわにつけていたりする風景にキュンとしてしまう。

街路樹にさりげなくタマリンドが植えてあることを知ったとき。

大きなカレーリーフの木が枝打ちされて、それが山羊の餌になっていたとき。仲良しの農家さんがフレッシュなメティの葉っぱを抱えてもってきてくれたり、近所の方が「どうぞ」と庭に実った波羅蜜（ジャックフルーツ）をくれたり、摘果した青マンゴーをもらったり、なんだかもらってばっかりみたいで恐縮だけれど、そんな「南国」に出合うたびに、高まる胸の鼓動。

水餃子は、月に一度「第3水曜日は水餃子の日」と称して、17時から開店している。わたしと娘で約400個の餃子を包むのだけれど、それもまた、母娘水入らずのよき時間なのだ。しかし親の企みとしては、「もしもこの先、食いっぱぐれるようなことが仮にあったとしても、餃子さえ皮から作れれば、世界広しとはいえなんとかやっていけるんじゃないか」と漠然と思ってもいて。実際に餃子的なものは、ネパールにもモンゴルにもロシアにも、きっとウクライナにもあるだろうから、その土地に合ったタレを添えて熱々をサーブすれば、女の子ひとりくらい暮らしていけそうじゃない!?

とはいえ波羅蜜は、カレー屋でもなければ水餃子屋でもないけれど、かならず真ん中にあるこのふたつの料理は、絶えずわたしをわくわくさせてくれる、とても魅力的なたべものなのです。

contents

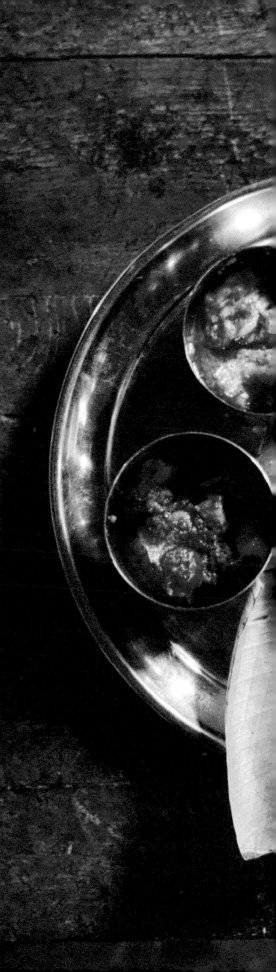

料理をする前に

・計量は大さじ 1 = 15ml、小さじ 1 = 5ml、
1 カップ = 200ml、1 合 = 180mlのほか、液
体も g で計量している場合があります。

・水は基本的に材料表には記載していません。
また、レシピ内で水を加えるものも「(分量
外)」などの表記はせず、具体的な分量をレシ
ピ内に記載しています。

・火加減は、特に表記していない場合、中火で
調理しています。

・材料内の米油は、レシピ内では油と表記して
います。

・オーブンは電子レンジオーブンを使用してい
ます。温度、時間等の表記を目安にご自身の
オーブンで加減しながら調整してください。

・鍋は基本的に厚手のもの、あるいは土鍋を
使用しています。

・レシピに出てくる豆やスパイス、調味料な
どは p.134 ～ 138 にて紹介していますので参
考にしてください。

撮影　広瀬貴子
デザイン　中村善郎(yen)
校正　麦秋アートセンター
動画撮影　松園多聞
編集・構成　赤澤かおり

Special Thanks
irregular INN Nakijin
http://irregular.co.jp/inn/nakijin/

Curry

自家製カレーパウダーと、そして玉
ねぎとにんにく、しょうがをペース
ト状にしたもの、通称 "OGG" が私
のカレーのもと。インドや各国のイ
ンド人街を旅するうちにすっかり魅
了されたスパイスカレー。自家製カ
レーパウダーのスパイスを1種類ご
とに炒っていく工程は、それぞれの
仕上がり、香りを着々と重ねていく
たのしい時間。ときに、爽やかさを
出したいときはコリアンダー多め、
魚のカレーにはフェンネルなどな
ど、その時々でスパイスの組み合わ
せを工夫してみてください。

波羅蜜 自家製カレーパウダー

ひとつずつホールスパイスをから炒りし、それぞれの香りを引き出してからパウダースパイスと合わせた波羅蜜のカレーの基となるパウダー。材料はこんな感じです。

コリアンダーシード：私が使用しているのはインドのコリアンダーでラグビーボール形のもの。

クミンシード：セリ科の種子スパイス。カレーに欠かせないスパイスのひとつで、ほろ苦い香りが特徴的。

ブンドゥチリ：インドの唐辛子はコロンとまぁるい形が特徴的。辛さもパンチが効いている。

フェヌグリーク：またはメティとも呼ばれる豆科のスパイス。ほろ苦甘い香りが特徴的。

バスマティライス：インドの香り米。波羅蜜ではうるち米と合わせて炊くことが多い。

波羅蜜 自家製カレーパウダーの作り方

材料（作りやすい分量）
ホールスパイス
├ コリアンダーシード…400g
├ クミンシード…300g
├ ブンドゥチリ…50g
├ フェヌグリーク…30g
├ バスマティライス…100g
├ トゥールダル…100g
├ チャナダル…100g
├ ブラックペッパー…40g
└ カレーリーフ…ひとつかみ
パウダースパイス
├ ターメリック…200g
├ ココナッツパウダー…200g
├ ジンジャー…40g
└ ガーリック…40g

1　ホールスパイスを順にから炒りする。まずはコリアンダーシードから。いい香りがしてプチプチッとはじける音がしてきたら、ボウルに取り出し、次のホールスパイスをから炒りする（a）。カレーリーフは枯れ葉のようにカサカサになるまで、バスマティライスは白っぽくなるまでそれぞれから炒りする。

2　から炒りしたホールスパイスをボウルに入れ、粗熱が取れるまでおく（b）。粗熱が取れたら全体をよく合わせる。

3　ボウルにパウダースパイスの材料を合わせ入れる。

4　ホールスパイスを少しずつミキサーまたはフードプロセッサーにかけ、細かくなるまで攪拌する（c）。

5　3と4をていねいに混ぜ合わせる（d）。完成（e）！

トゥールダル：黄豆。黄色いエンドウ豆の皮をむいて半分に割ったもので南インド料理によく使われる食材のひとつ。

チャナダル：ひき割りにしたひよこ豆。丸ごとより早く火が通るので便利。

ブラックペッパー：ホールをつぶして合わせることでより香り高いスパイスに仕上がる。

カレーリーフ：南インドに行くと、どんな料理にもこれが入っている。沖縄では苗木で販売していることが多い。

ターメリック、ココナッツパウダー、ジンジャーパウダー、ガーリックパウダーを合わせ入れたもの。

サンバルパウダー

材料(作りやすい分量)
コリアンダーシード…小さじ1
クミンシード…小さじ1/2
フェヌグリーク…小さじ1/4
トゥールダル…小さじ1/2
バスマティライス…少々
カレーリーフ…軽くひとつまみ

すべての材料をフライパンに入れ、フェヌグリークが茶色くなってカレーリーフが枯れ葉のようにカサカサになるまでから炒りする。ミルにかけてパウダー状になるまで撹拌する。

* サンバルパウダーとは南インド料理のサンバル（豆や野菜を煮込んで作るスープ）に使う風味づけのミックススパイス。インドに行ったときに食べた味を思い出しながら自家製のスパイスパウダーを作っています。
* 密閉容器に入れ、冷暗所で2週間保存可。

OGG*

材料(作りやすい分量)
玉ねぎ…1個
にんにく…1片
しょうが…1片

1 すべての材料の皮をむき、適当な大きさに切る。

2 ミキサーにすべての材料と水1カップを入れ、ペースト状になるまで撹拌する。

* 密閉容器に入れ、冷蔵庫で1週間保存可。

*OGG：玉ねぎ、にんにく、しょうがのペースト。カレーや炒め物のおいしさのもとになるもの。

基本のチキンカレー

材料（4人分）
鶏もも肉…2枚（約500g）
A
├ 米油…大さじ2
└ クミンシード…大さじ1/2
カラキの葉（b）…2枚
OGG（p.11）…お玉2杯
トマトピュレ…お玉2杯
自家製カレーパウダー（p.10）…大さじ2
塩…適量

1　鶏肉は海水より少ないくらいの塩けの水にひ
　と晩つける（a）。さっと洗って水けをふき取
　り、食べやすい大きさに切る。

2　厚手の鍋にAと、あればカラキの葉を入れ、
　火にかける。スパイスがチリチリしていい香
　りがしてきたらOGGを加え、炒める。

3　水分がとんだら1を加え、炒める。鶏肉が白っ
　ぼくなってきたらトマトピュレを加えてさら
　に炒める。

4　トマトピュレとOGGの水分が煮詰まり、甘
　い香りがしてきたら水1/2カップを加え、鶏
　肉に火が通るまで煮込む。

5　カレーパウダーを加え混ぜ、塩で味をととの
　える。

鶏肉はひたひたくらいの
塩水につける。

カラキの葉はシナモン
の仲間でニッキの原料と
なるもの。枝や葉をパウ
ダーにしたものもスパイ
スとして愛用。沖縄シナ
モンとも呼ばれている。

飴色玉ねぎのチキンカレー

材料（4人分）
鶏もも肉…2枚（約500g）
玉ねぎ…1/2個
米油…大さじ2
チリペッパー（ホール）…2個
A
├ クローブ…3粒
└ ブラックペッパー（ホール）…小さじ1/2
OGG（p.11）…お玉2杯
自家製カレーパウダー（p.10）…大さじ1
塩…適量

1　鶏肉は海水より少ないくらいの塩けの水にひと晩つ
　　ける（p.12・a）。さっと洗って水けをふき取り、食
　　べやすい大きさに切る。

2　玉ねぎは薄切りにする。フライパンに油大さじ1を
　　熱し、飴色になるまでじっくり炒める（a）。

3　Aのスパイスはすりこぎなどでつぶす（b）。

4　厚手の鍋に残りの油、チリペッパー、Aを少し残し
　　て入れ、火にかける（c）。スパイスがチリチリして
　　いい香りがしてきたらOGGを加え、炒める。

5　鍋中がトロッとしたら1を加え、炒める。鶏肉が白っ
　　ぽくなってきたら2とカレーパウダーを加え混ぜる。
　　残りのAを散らしてざっと炒め合わせる（d）。

廃鶏とココナッツミルク、
コリアンダーシードのカレー

材料（4人分）
廃鶏*もも肉…2枚（約500g）
A
├米油…大さじ1
├コリアンダーシード…大さじ2
└チリペッパー（ホール）…2個

B
├OGG（p.11）…お玉2杯
└トマト…2個
ココナッツミルク…1カップ
自家製カレーパウダー（p.10）…大さじ2
塩…適量

1 鶏肉は海水より少ないくらいの塩けの水にひ
 と晩つける（p.12・a）。さっと洗って水けを
 ふき取り、食べやすい大きさに切る。

2 Aのコリアンダーシードはミルで粗くひく。
 Bのトマトはざく切りにする。

3 厚手の鍋にAを入れ、火にかける。スパイス
 がチリチリしていい香りがしてきたらBを加
 え、炒める。

4 トマトが煮崩れたら1を加え、炒める。鶏肉
 が白っぽくなってきたら水をひたひたに加え
 る。

5 煮立ったらふたをし、途中、アクをひきなが
 ら鶏肉に火が通るまで煮込む。

6 ココナッツミルクとカレーパウダーを加え混
 ぜ、塩で味をととのえる。

* 廃鶏とはさんざんな名称だが、採卵期間を終え
 た雌鶏のことをヤンバルではそう呼ぶ。うまみ
 と歯ごたえがあるので食材として気に入ってい
 る素材のひとつです。

鶏と芋、
レモングラスのカレー

材料（4人分）
鶏手羽元…8本
さつまいも（中）…2本
A
├ 米油…大さじ2
├ コリアンダーシード…小さじ1
├ レモングラス…2本
└ タイしょうが*（皮ごと薄切り）…2枚
OGG（p.11）…お玉1と1/2杯
自家製カレーパウダー（p.10）…大さじ2
ナンプラー…適量

1 さつまいもは皮ごと乱切りにし、水に浸ける。

2 Aのコリアンダーシードは粗くつぶす（a）。

3 厚手の鍋にAを入れ、火にかける（b）。香りが出て
きたらOGGを加え、炒める。

4 水分がとんだら鶏肉と水けをきったさつまいもを加
えてざっと炒める（c）。鶏肉が白っぽくなってきた
ら水1カップを加えてふたをし、煮る。

5 さつまいもに火が通ったらカレーパウダーを加えて
ひと煮し、ナンプラーで調味する。

＊ タイしょうが：タイ原産のしょうがで、日本のものより
　香りが強く、ピリッとした辛味もある

豚肉団子とパインのカレー

材料（4人分）
豚肩ロース肉（ブロック）…600g
クローブ…5粒
ブラックペッパー（ホール）…小さじ1
OGG（p.11）…お玉2杯
フェンネルシード…小さじ1/2
米油…小さじ1
カラキの葉（p.12・b）…2枚
トマトピュレ…大さじ2
A
├ ドライパイナップル…40g
├ パプリカパウダー…小さじ1
└ 自家製カレーパウダー（p.10）…大さじ2
塩…適量
フェンネルの葉…適量

1 豚肉は全面に塩をまぶし、密閉容器に入れて
　冷蔵庫でひと晩おく（a）。水けをふき取り、
　適当な大きさに切ってフードプロセッサーに
　かけてミンチにする（b）。

2 クローブとブラックペッパーは合わせてミル
　でひく。

3 ボウルに1のミンチにした豚肉を入れ、OGG
　お玉1杯、フェンネルシード、塩少々を加え
　てよく練る（c）。

4 厚手の鍋に油と2、あればカラキの葉を入れ、
　火にかける。シュワシュワッとしてきたら残
　りのOGGとトマトピュレを加え、なじむま
　で火を通す（d）。

5 4に水1と1/2カップを加える。煮立ったら、
　手に水をつけながら3をひと口大に丸めて加
　える（e）。

6 ひと煮したらAを加えてもうひと煮し、塩で
　調味する（f）。あればフェンネルの葉を散ら
　す。

山羊カレー

材料（4人分）
山羊肉（骨つきぶつ切り）…500g
A
├ チリペッパー（ホール）…2個
├ クミンシード…小さじ1
├ クローブ…3粒
├ ブラックペッパー（ホール）…小さじ1
└ カラキの葉（p.12・b）（あれば）…2枚
米油…大さじ2
OGG（p.11）…お玉2杯
B
├ トマトピュレ…大さじ2
├ プレーンヨーグルト…大さじ2
├ レモン汁…大さじ1/2
├ 水…1カップ
└ ターメリック（パウダー）…小さじ1/2
フーチバー（よもぎ）の葉…適量
塩…適量
チリペッパー（パウダー）…適量
揚げ油…適量

1 山羊肉は沸騰した湯で表面が白っぽくなるまでさっと湯通しする。

2 Aのクローブとブラックペッパーは合わせてミルでひく。厚手の鍋にクローブとブラックペッパーを少し残してAと油を入れ、火にかける（a）。スパイスがチリチリしていい香りがしてきたらOGGと1を加え、炒める（b）。

3 水分がとんだらBを加えてふたをし、15分ほど煮る（c）。その間にフーチバーの葉を180℃の揚げ油で素揚げする。

4 火を止め、塩とチリペッパーを加え、2で残したスパイスと素揚げしたフーチバーの葉を散らす。

豚キーマとなすのカレー

材料（4人分）
豚肩ロース肉（ブロック）…500g
なす…4本
A
├ コリアンダーシード…小さじ1
├ カルダモン…3粒
├ クローブ…5粒
├ ブラックペッパー（ホール）…小さじ1
└ チリペッパー（ホール）…2個
米油…大さじ1
OGG（p.11）…お玉2杯
自家製カレーパウダー（p.10）…大さじ1と1/2
プレーンヨーグルト…大さじ1
きび砂糖…小さじ1
塩…適量
好みのご飯…適量
揚げ油…適量

1　豚肉は適当な大きさに切り、フードプロセッサーにか
　けてミンチにする。

2　なすは乱切りにし、180℃の揚げ油で素揚げする。

3　Aは合わせてミルでひく。

4　厚手の鍋に油と3を入れ、火にかける。いい香りがし
　たらOGGを加え、ざっと炒める。

5　1を加えて炒め合わせ（a）、豚肉が白っぽくなったら
　カレーパウダーを加えて炒め煮にする。

6　ヨーグルトを加えてひと煮し、きび砂糖を加え混ぜ、
　塩で味をととのえる。2を加えてざっと混ぜ合わせる。

7　器にご飯と6を盛り合わせ、割り干し大根のピックル
　（p.66）や梅のチャトニ（p.28）を添える。

ビーツチャトニ

トマトのチャトニ

ココナッツチャトニ

26

梅のチャトニ

焼きなすのチャトニ

チャトニのこと

いわば、ディップのようなもの。カレーに少量添えるだけで、より複雑で深い味わいになる。ひとつのお皿に、揚げ物、炒め物、そしてチャトニをちょっと添える。季節の野菜で作るチャトニ、ナッツやハーブ……。そんなインドのチャトニの多様性をお試しあれ。

香菜＆ミントのチャトニ

ビーツチャトニ

材料（作りやすい分量）
ビーツ（中）…1個
豆乳ヨーグルト…大さじ3
チャナダル（豆）（p.11）…小さじ1
粗塩…小さじ1/2
A
├ 米油…小さじ1
├ カレーリーフ（p.137）…10枚
├ マスタードシード（p.136）…小さじ1/3
└ ターメリック（パウダー）…少々

1　ビーツはアルミホイルに包み、200℃のオーブンですっと串が通るまで40分ほど焼く。皮をむき、適当な大きさに切る。

2　チャナダルは茶色く色づくまで弱火でから炒りする（a）。

3　ミキサーに1、2、豆乳ヨーグルト、粗塩、水大さじ1（ミキサーが回るくらい）を入れて撹拌し、器に移し入れる。

4　小鍋にAを合わせ入れ、マスタードシードがはじけるまで火にかける。

5　3に4をかける。

トマトのチャトニ

材料（作りやすい分量）
トマト…1個
塩…小さじ1/3
A
├ 米油…小さじ1
├ ギー（なければバター）…少々
├ クミンシード…小さじ1/3
├ カレーリーフ…10枚
├ マスタードシード…小さじ1/3
└ にんにく（薄切り）…3枚
ブラックペッパー（粗びき）…適量

1　トマトは乱切りにする。

2　ミキサーに1と塩を入れ、撹拌する。

3　器に移し入れ、ブラックペッパーを加える。好みでチリペッパー（パウダー）を加えても。

4　小鍋にAを合わせ入れ、クミンがシュワシュワッとするまで火にかける。

5　3に4をかける。

梅のチャトニ

材料（作りやすい分量）
梅シロップを作ったあとの梅の実をペーストにしたもの…大さじ3
チリペッパー（パウダー）…大さじ1/3
岩塩…小さじ1/3

すべての材料を混ぜ合わせる。

ココナッツチャトニ

材料（作りやすい分量）
A
├ ココナッツパウダー…大さじ1
├ プレーンヨーグルト…大さじ3
└ レモン汁…大さじ1
B
├ 米油…小さじ1
├ カレーリーフ…10枚
├ マスタードシード…小さじ1/3
├ ヒング（p.137）…少々
├ にんにく（薄切り）…3枚
├ 青唐辛子…1/2本
└ 塩…小さじ1/3

1　Aは混ぜ合わせる。

2　Bの青唐辛子は刻む。

3　小鍋にBを合わせ入れ、マスタードシードが
　　はじけるまで火にかける。

4　1を器に移し入れ、3をかける。

焼きなすのチャトニ

材料（作りやすい分量）
なす…2本
カシューナッツ（生）…30g
A
├ レモン汁…小さじ1
└ 塩…小さじ1/2
B
├ 米油…小さじ1
├ クミンシード…ひとつまみ
├ カレーリーフ…10枚
└ チリペッパー（ホール）…2個

1　カシューナッツは1時間ほど水に浸し、水け
　　をきる。

2　なすは丸ごと焼き網にのせ、真っ黒になるま
　　で焼く。熱いうちに皮をむき、ひと口大に切っ
　　てAとあえる。

3　ミキサーに1と2を入れ、ペースト状になる
　　まで撹拌し、器に移し入れる。

4　小鍋にBを合わせ入れ、クミンシードがシュ
　　ワシュワッとするまで火にかける。

5　3に4をかける。

香菜＆ミントのチャトニ

材料（作りやすい分量）
香菜…ひとつかみ
ミント…大さじ1
レモン汁…大さじ1
青唐辛子…1本
塩…小さじ1/3

香菜はざく切りにする。すべての材料をミキサー
に入れ、撹拌する。ミキサーが回りにくい場合は、
水少々を少しずつ足すといい。

ボンダ

材料（8個分）

じゃがいも…4個
赤玉ねぎ…1/2個
青唐辛子…1/2本
塩…適量

A
- 米油…小さじ2
- ターメリック…小さじ1/2
- ウラッドダル（豆）（p.137）…小さじ1
- マスタードシード（p.136）…小さじ1/2
- カレーリーフ（p.137）…10枚
- ヒング（p.137）…少々

衣
- ベサン粉（ひよこ豆の粉・p.137）…100g
- 米粉…20g
- ベーキングパウダー…小さじ1
- チリペッパー（パウダー）…適量
- パプリカパウダー…小さじ1
- 塩…小さじ1/2
- 水…180ml

揚げ油…適量

1 じゃがいもは乱切りにする。鍋にじゃがいもと塩小さじ2
を入れ、かぶるくらいの水を加えてやわらかくなるまでゆ
で、湯をきる。赤玉ねぎはみじん切り、青唐辛子は刻む。

2 ボウルに1を入れ、じゃがいもをつぶしながら混ぜ合わせ
る。味をみて足りなければ塩を加え、ポテトサラダくらい
の塩加減にする。

3 小鍋にAを合わせ入れ、弱火にかける。マスタードシード
がチリチリしたら2に加え、混ぜ合わせる（a）。

4 3を俵形にまとめる（b）。

5 ボウルに衣の材料を合わせ入れ、泡立て器で混ぜる。

6 4を5にくぐらせ、180℃の揚げ油できつね色になるまで揚
げる（c）。香菜＆ミントのチャトニ（p.29）をつけて食べる。

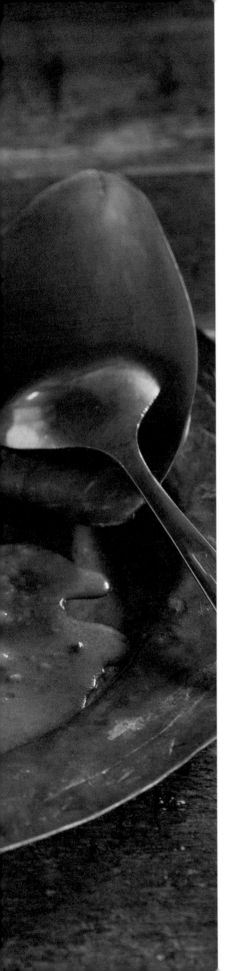

パプアえびと
しいたけのカレー

材料（4人分）
パプアえび*（殻つき）…400g
しいたけ…8枚
ししとうがらし…4〜8本
米油…大さじ1
フェンネルシード…小さじ1/3
A
├OGG（p.11）…お玉2杯
└トマト…2個
自家製カレーパウダー（p.10）…大さじ2
塩…適量
生クリーム…大さじ1
揚げ油…適量
ご飯…適量

1 えびは殻をむいて背ワタを取る。しいたけは石づきを落
　とし、食べやすい大きさに手でちぎる。ししとうは1ヵ
　所、穴をあけておく。Aのトマトはざく切りにする。

2 フライパンに1のえびの殻を入れ、から炒りする。色が
　変わったら水2カップを加え、5分ほど煮出して(a)ざる
　で濾す。

3 厚手の鍋に油を熱し、フェンネルシードを加える。シュ
　ワシュワッとしてきたらAを加え、炒める。とろっとし
　てきたら、しいたけと2のだし汁を加え、ひと煮する。

4 カレーパウダーと1のえびを加え、塩で調味してから生
　クリームを加える。

5 ししとうは180℃の揚げ油で素揚げする。器に4とご飯
　を盛り、ししとうをあしらう。

＊パプアえび：パプアニューギニアの
美しい海の天然えび。船上で急速冷
凍しているからおいしさが違う。

車えびとレモングラスのカレー

材料(4人分)
車えび(有頭)…12尾
A
├ レモングラスオイル(p.138)…大さじ1
├ レモン汁…小さじ2
├ OGG(p.11)…お玉2杯
└ パプリカパウダー…小さじ1
ナンプラー…適量
ココナッツミルク…1/2カップ
香菜…適量

1　えびは頭を残して殻をむき、背ワタを取り除く。

2　ボウルに1とAを入れ、30分ほどマリネする。

3　フライパンに油をひかずに2を入れ、炒める。えびに火が
　　通ったらナンプラーとココナッツミルクを加えてひと煮する
　　(a)。

4　器に盛り、刻んだ香菜を散らす。

パプアえびと
冬瓜のカレー

材料（4人分）
パプアえび（殻つき・p.33）…400g
冬瓜…1kg
A
├ 米油…大さじ2
├ クミンシード…小さじ1/2
└ カレーリーフ（p.137）…ひとつかみ
B
├ ターメリック…小さじ1
└ レモン汁…大さじ1
C
├ きび砂糖…小さじ2
├ ココナッツファイン…大さじ1
├ おろししょうが…小さじ1
└ 塩…適量

1　えびは殻をむいて背ワタを取り、ぶつ切りにする。

2　冬瓜は皮をむき、種とワタを取り除く。フードプ
　　ロセッサーで粒が残るくらいに撹拌する。

3　フライパンに1のえびの殻を入れ、から炒りする。
　　色が変わったら水2カップを加え、5分ほど煮出
　　して（p.33・a）ざるで濾す。

4　厚手の鍋にAを入れ、火にかける。いい香りがし
　　てきたら2、3のだし汁、Bを加える。

5　冬瓜に火が入り、とろっとしてきたら1とCを加
　　えてひと煮する。

6　器に盛り、ココナッツファインを適量（分量外）
　　散らす。

フィッシュカレー

材料（4人分）
ミーバイ＊（アラ）…2尾分
A
├ レモン汁…大さじ1
└ ターメリック…小さじ1/2
B
├ 米油…大さじ2
├ マスタードシード…小さじ1/2
├ カレーリーフ（p.137）…軽くひとつかみ
├ ヒング（p.137）…少々
└ カシミールチリ（p.137）…3本
OGG（p.11）…お玉3杯
C
├ タマリンドピュレ（p.137）…大さじ3
├ トマトピュレ…大さじ2
└ 水…3カップ
自家製カレーパウダー（p.10）…大さじ1/2
塩…適量
チリペッパー（パウダー）…適量

1 ミーバイのアラは、Aでマリネして30分ほどおく。

2 厚手の鍋にBを入れ、火にかける。マスタードシード
  がチリチリしてきたら1を加え、両面焼きつける。

4 全体がなじんだらOGGとCを加え、魚に火が通るま
  で煮込む。

5 カレーパウダーを加え、塩で調味してチリペッパーを
  ふる。

＊ いいアラが手に入ったら作る「いまいゆのカレー」。いま
  いゆとは、今の魚という意味。今回は沖縄のミーバイ（＊
  ハタ類の魚）を使って作ってみました。金目鯛やほうぼう
  などの魚で作ってもおいしい。

カリフラワーと大根、じゃがいも、カシューナッツのカレー

材料（4人分）
カリフラワー…1個
大根…1/3本（約400g）
じゃがいも…2個
カシューナッツ（生）…1カップ
OGG（p.11）…お玉2杯
A
├ ターメリック…小さじ1/3
└ サンバルパウダー（p.11）…小さじ2
B
├ 米油…大さじ1
├ クミンシード…小さじ1/2
└ マスタードシード…小さじ1/3
米油…大さじ1
塩…適量
フェンネルの葉…適量

1　カシューナッツは1と1/2カップの水に1時間ほど浸す。ミキサーに浸し水ごと入れ、ピュレ状になるまで攪拌する。

2　カリフラワーは小房に分ける。大根とじゃがいもは小さめのひと口大に切る。

3　厚手の鍋に油を熱し、2とOGGを加える。塩少々をふり、ふたをして15分ほど蒸し煮にする。

4　ひたひたに水を加えてひと煮し、1とAを加えて塩で味をととのえる。

5　小鍋にBを合わせ入れ、マスタードシードがシュワシュワッとするまで火にかける。

6　4に5をまわしかけ、あればフェンネルの葉を散らす。

＊　小鍋でスパイスと油を熱するテンパリングの作業は、スパイスに膜を作り、香りを立たせるためのテクニックです。

ご飯のこと

お店でよく出すご飯は、バスマティライスという香りのいいインディカ米といわゆる日本のお米、うるち米を合わせて炊いたもの。うるち米2合にバスマティライス1合を合わせ、水3と1/2カップ強を加えて炊いています。お米は一緒にといでから、厚手の鍋や土鍋に入れて30分ほど分量の水に浸水させておきます。最初は強火、ふいてきたら弱火にして10分。火を止め、10分ほど蒸らしたら炊き上がりです。ほかにも、うるち米にターメリックを加えたものや、うるち米だけのときも。合わせる惣菜によって替えています。

ターメリックを加えた黄色いライスは、前述の分量にターメリック小さじ1/2と米油小さじ1を加えて炊きます（下記参照）。

ターメリックライス

材料（炊きやすい分量）
うるち米…2合
バスマティライス…1合
水…3と1/2カップ強
ターメリック…小さじ1/2
米油…小さじ1

1 うるち米とバスマティライスは合わせてとぐ。分量の水を加え、30分ほど浸水させる。

2 1にターメリックと米油を加え、ふたをして強火にかける。ふいてきたら弱火にし、10分ほど炊く。炊き上がったら10分ほど蒸らす。

緑豆と緑レンズ豆のダール*

材料(作りやすい分量)
緑豆(p.137)…50g
緑レンズ豆(p.136)…50g
A
├ミニトマト…3個
├ターメリック…小さじ1/3
└塩…適量
B
├米油…小さじ2
├コリアンダーシード…小さじ1
└細ねぎ(刻んだもの)…軽くひとつかみ
針しょうが…適量

1 鍋に豆類を入れ、水1.5ℓを加えて強火にかける。煮立っ
 たらアクをひいて弱火にし、やわらかくなるまで煮る。

2 Aを加えてひと煮する。

3 小鍋にBを入れ、コリアンダーシードがシュワシュワッ
 とするまで火にかける。

4 2に3をまわしかけ、針しょうがを散らす。

* ダール:豆のスープのこと。

トゥールダルといろいろ野菜のサンバル*

材料（作りやすい分量）
トゥールダル（豆）(p.11)
　…1カップ
なす…2本
オクラ…5本
トマト…2個
玉ねぎ…1/2個
ナーベラー（へちま）…1本
A
┌ タマリンドピュレ(p.137)…大さじ3
├ きび砂糖…小さじ1
├ 塩…小さじ1
├ ターメリック…小さじ1/3
└ チリペッパー（パウダー）…適量
B
┌ 米油…小さじ1
├ カレーリーフ(p.137)…10枚
├ チリペッパー（ホール）…2個
├ マスタードシード…小さじ1/3
└ ヒング(p.137)…少々
塩…適量
サンバルパウダー(p.11)……大さじ1

1　厚手の鍋にトゥールダルと水1.5ℓを入れ、アクをひきながらやわらかくなるまでゆでる。

2　1を煮汁ごとミキサーにかけ、軽く粒が残るくらいまで撹拌する。

3　オクラはがくのまわりをむいてからぶつ切り、トマトはざく切りにする。玉ねぎは1cm角、なすとナーベラーはオクラと同じくらいの大きさに切る。

4　厚手の鍋に、なす、オクラ、トマト、玉ねぎ、ナーベラーを入れ、塩少々をふってふたをし、蒸し煮する。中火から弱火にしながら10分ほど火にかける。

5　4に2とAを加え、ざっと混ぜ、ひと煮する。

6　小鍋にBを合わせ入れ、鍋中がチリチリするまで火にかける。

7　5に6を加え、サンバルパウダー、塩で味をととのえる。

* サンバル：豆とスパイスを使った南インドのスープ。

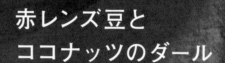

赤レンズ豆と
ココナッツのダール

材料（作りやすい分量）
赤レンズ豆（p.136）…3/4カップ
ミニトマト…3個
にんにく…1片
A
 ┌ 米油…小さじ1
 ├ カレーリーフ（p.137）…軽くひとつかみ
 ├ チリペッパー（ホール）…2個
 ├ マスタードシード…小さじ1/2
 └ ヒング（p.137）…少々
B
 ┌ ココナッツミルク…大さじ1
 ├ きび砂糖…小さじ1
 └ 塩…適量

1 ミニトマトは4等分に切る。

2 厚手の鍋に赤レンズ豆と水1ℓ、にんにくを
   包丁の腹でつぶして入れ、火にかける。

3 豆がやわらかくなったら1を加え、トマトが
   煮くずれるまで煮る。

4 小鍋にAを入れ、マスタードシードがシュワ
   シュワッとするまで火にかける。

5 3にBを加え混ぜ、4をまわしかける。好み
   で香菜を散らす。

厚揚げとキャベツ

材料（作りやすい分量）
厚揚げ…2枚
キャベツ…1/2個
トマト…1個
クミンシード…小さじ1
自家製カレーパウダー（p.10）…大さじ1
カレーリーフ（p.137）…ひとつかみ
米油…大さじ1
塩…適量

1 厚揚げは食べやすい大きさに切る。キャベツとトマトは
ざく切りにする。

2 厚手の鍋に油とクミンを入れ、火にかける。クミンがシュ
ワシュワッとしてきたらカレーパウダーとカレーリーフ
を加え、炒め合わせる。

3 トマトを加え、少し煮くずれたところで厚揚げとキャベ
ツを加える。塩少々をふってふたをし、弱火で10分ほ
ど蒸し焼きにする。キャベツがしっとりしたら全体に
ざっくり混ぜ、味をみて足りないようだったら塩で調味
する。

トマトのラッサム*

材料（作りやすい分量）
トマト…3個
青唐辛子…2本
にんにく…1片
ウラッドダル（豆）(p.137)…1/2カップ
タマリンドピュレ (p.137)…大さじ3
A
├ 米油…小さじ2
├ カレーリーフ (p.137)…ひとつかみ
├ クミンシード…小さじ1/3
├ ブラックペッパー（ホール）…小さじ1/2
└ ヒング (p.137)…少々
塩…適量
香菜…適量

1　鍋にウラッドダルと水1ℓを入れ、やわらかくなるまで
　　ゆで、ミキサーで攪拌する。

2　青唐辛子とにんにくは刻む。Aのブラックペッパーは粗
　　くつぶす。

3　厚手の鍋にトマトを手でつぶしながら入れ、2の青唐辛
　　子とにんにくと水2カップを加えて火にかける。煮立っ
　　たら1とタマリンドピュレを加え混ぜ、ひと煮して塩で
　　味をととのえる。

4　小鍋にAを合わせ入れ、クミンシードがシュワシュワッ
　　とするまで火にかける。

5　3に4をまわしかける。器に盛り、刻んだ香菜を添える。

*　ラッサム：南インドのスープのひとつで酸味と辛みがきいて
　　いる。

手で食べる

大好物は？と巡らせてみると、そのほとんどが「手で食べる料理」に偏っていた。

例えば、牡蠣。季節が到来すれば殻付き牡蠣を大箱で取り寄せて、鋳物鍋に殻ごと放り込み蒸し焼きに。各自ナイフを持ちながら、熱々を頬張る口福よ。

焼き鳥だったら手羽先、塩。細い骨と骨のあいだの繊維質の肉がすーっとほぐれるときにおとずれる達成感。

寿司だって、親指、人差し指、中指でほいっと持ち上げ、ネタにチョンと醤油を跳ねさせ、ひとくち。

でもっての、インドカレーである。

インド人が華麗なる指先さばきでミールスを食べている姿はほんとうに見惚れる。それに、アチャールやピックルやチャトニみたいなアクセントものを、「ほんの少しすくう」みたいな繊細かつ絶妙な分量配分は手食ならでは。

この、自分の好物に共通する「手食」というキーワードを発見したときは、ちょっと感動すら覚えた。だから、青魚とフェンネルのパスタも、盛岡冷麺も、中華のコーンスープもものすごく大好きではあるけれど、「大好物」には（水餃子さえも）昇格できずにいる。ちゃんちゃらおかしな話だが、この「こだわり」が果たして、青魚とフェンネルのパスタを手で食べるまで至ったら、そのときは自分を褒めてあげたい（いや、そういうことじゃなくて、「食べやすさ」ですから）。

手で食べる、ということは概ね日本では行儀が悪い、ということになりがちだけれど、お国変わればそれは文化となる。

わが家の子どもたちの場合、上の子には「お行儀が」と連呼していたように思う。後に2番目が生まれ、子育てもだいぶんゆるくなり、何でも手でガシガシ食べる2歳児と出かけたインドでは、現地の子かしらというくらい、ごく当たり前に手でダールを食べていた。その姿は親から見てもかなり頼もしく映り、以来「お行儀が」とは、TPOに合わせつつも、インドの件あって、一概には「だめ」とは言えない。

ミールスを手で食べると、その良さ（機能性）に感心してしまう。ちゃんとそこには「美味しさの意味」がある。まずはライスにさらっとしたサンバルをかけて、シャッシャッと軽く混ぜてひとくち。揚げ物にサンバルをチョイッと浸して、ちいさく齧る。ライスにチャトニをスライドさせ、一気に味を変える。

そんな、お皿の中の流動的な動きは実にたのしい。

カレーとともに、あったらうれしいもう1品。青菜の葉と茎の部分の味わいの違い、揚げ物の、中心部のほっくりと外側のカリカリ、ピックルのパンチの効いた酸味とスパイシーさ。さまざまな食感、味わいをカレーとともにひと皿にのせてサーヴ。お皿の中で、きっと好きな組み合わせが見つかるはず。

揚げたり、炒めたり、煮たり。それからピックル。

赤大根のピックル

材料（作りやすい分量）
赤大根、または大根…10cm
塩…適量
A
├ 米酢…小さじ1
└ レモン汁…小さじ1
フェヌグリーク（豆）（p.10）…小さじ1/3
米油…小さじ1
B
├ ターメリック…小さじ1/3
├ 白いりごま…小さじ1
└ チリペッパー（パウダー）…適量
香菜…適量

1 大根は1cm厚さのいちょう切りにし、薄く塩をふる。
　 30分ほどして水けが出てきたらざるに広げ、風通しの
　 いいところでクシュッと縮むまで干す。

2 1にAを加え混ぜる。

3 小鍋にフェヌグリークと油を入れ、フェヌグリークが茶
　 色く色づくまで火にかける。

4 ボウルに2を入れ、3をまわしかける。Bを加えてざっ
　 とあえる。

5 器に盛り、刻んだ香菜を散らす。

ナーベラーのピックル

材料（作りやすい分量）
ナーベラー（へちま）…1本
　塩…少々
A
├ 米油…大さじ2
├ フェヌグリーク（豆）(p.10)…小さじ1/3
└ マスタードシード…小さじ1/2
OGG (p.11)…お玉1杯
B
├ トマトピュレ…大さじ2
├ パプリカパウダー…小さじ1
├ チリペッパー（パウダー）…適量
└ ターメリック…小さじ1/3

1　ナーベラーは皮をむき、5mm厚さほどの半
　　月切りにし(a、b)、塩をふってあえる。

2　鍋にAを合わせ入れ、火にかける。フェヌグ
　　リークが茶色く色づき、マスタードシード
　　がはじけてきたらOGGと1の汁けを軽くきっ
　　て加え、炒め合わせる。

3　Bを加え(c)、ナーベラーがしんなりするま
　　で炒め合わせる(d)。

＊　密閉容器に入れ、冷蔵庫で7日ほど保存可。

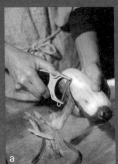

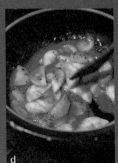

a　b　c　d

とんぼマグロのピックル

材料(作りやすい分量)
とんぼマグロまたはメジマグロ…300g
A
├ ターメリック…小さじ1/3
└ レモン汁…小さじ2
揚げ油…適量
B
├ 米油…大さじ3
├ フェンネルシード…小さじ1/3
└ マスタードシード…小さじ1/2
OGG(p.11)…お玉1と1/2杯
C
├ パプリカパウダー…小さじ1
├ チリペッパー(パウダー)…適量
└ ターメリック…小さじ1/3
米酢…50ml
塩…適量
香菜…適量

1　マグロは大きめのひと口大に切り、Aであえる。

2　180℃の揚げ油で1を素揚げする。

3　フライパンにBを入れ、火にかける。プチプチしてきたらOGGを加え、炒める。

4　1～2分ほど炒めたら、C、米酢、塩を加え混ぜ、2を加えてさっくり混ぜる。

5　器に盛り、ざく切りにした香菜を添える。

きびなごのピックル

材料(作りやすい分量)
きびなご…500g
A
├ 米油…大さじ2
├ ブラックペッパー(ホール)…小さじ1/3
├ カレーリーフ(p.137)…軽くひとつかみ
└ 赤唐辛子…2本
OGG(p.11)…お玉1と1/2杯
ターメリック…小さじ1/3
シークァーサー果汁…50ml(またはレモン汁30ml)
米酢…大さじ1
塩…小さじ1/2

1　Aのブラックペッパーは粗くつぶす。

2　鍋にAを入れ、火にかける。チリチリして香りが出てきたらOGGを加えて炒める。水分がなくなり、もったりしてきたらターメリックを加えて炒め合わせる(a)。

3　シークァーサー果汁を加えてひと煮し、米酢と塩を加えてさらにひと煮する。

4　きびなごを加えてざっくり混ぜ、弱火にしてきびなごに火が通るまで煮る。

オクラとししとうの
オーブン焼き

材料(作りやすい分量)
オクラ、ししとうがらし…合わせて20本
オリーブオイル…大さじ1
自家製カレーパウダー (p.10)…小さじ1
塩…小さじ1/3

1　オクラはがくをぐるりとむく。ししとうはヘ
　　タを取る。

2　ボウルにすべての材料を入れて混ぜ合わせ
　　る。

3　天板にオーブンシートまたはアルミホイルを
　　敷き、2を広げてのせ、200℃のオーブンで
　　12分ほど焼く。

割り干し大根のピックル

材料(作りやすい分量)
割り干し大根または
　切り干し大根…50g
A
├ 米油…大さじ1強
├ クミンシード…小さじ1/3
└ フェヌグリーク(豆)(p.10)
　　…小さじ1/3
OGG(p.11)…お玉1杯
B
├ ターメリック…小さじ1/3
└ チリパッペー(パウダー)
　　…適量
米酢…大さじ2
塩…適量

1　割り干し大根はひたひたの水でもどす(a)。

2　鍋にAを入れ、火にかける。クミンがチリチリしてしっかり香りが出てきたらOGGを加える。

3　水分がとんだらBを加え、さらに炒める。

4　1の水けを軽くしぼって加え、すぐに米酢と塩を加え、割り干し大根が水分を吸って乳化するくらいまで炒め合わせる。

＊　密閉容器に入れ、冷蔵庫で1週間ほど保存可。

＊　作った翌日以降がよりおいしい。

いろいろきのこのピックル

材料（作りやすい分量）
きのこ（しいたけ、エリンギ、
　　しめじなど）…合わせて400g
A
┌ 米油…大さじ2
├ フェンネルシード…ひとつまみ
├ フェヌグリーク（豆）（p.10）
│　　…ひとつまみ
├ カレーリーフ（p.137）…ひとつかみ
├ ヒング（p.137）…少々
├ ターメリック…小さじ1/3
└ チリペッパー（ホール）…2個
OGG（p.11）…お玉1と1/2杯
塩…小さじ1/2
米酢…大さじ1

1　きのこ類は石づきを落とし、手で適
　　当な大きさにさく。

2　鍋にAを入れ、火にかける。フェヌ
　　グリークが茶色く色づいたらきのこ
　　を加えてふたをし、一瞬蒸らしてか
　　らOGGと塩を加えて再びふたをし、
　　蒸し炒めにする。

3　きのこがしんなりしたら米酢を加
　　え、汁けがトロッとするまで炒め煮
　　る（a）。

揚げなすのピックル

材料（作りやすい分量）
なす…3本
揚げ油…適量
A
┌ OGG（p.11）…お玉1杯
├ 自家製カレーパウダー（p.10）…大さじ1
├ クミンシード…小さじ1/2
├ チリペッパー（パウダー）…大さじ1
├ 米酢…大さじ1
└ きび砂糖…小さじ1強
塩…小さじ1/3

1　なすは大きめの乱切りにする。180℃の揚げ
　　油でなすのふちが少し茶色く色づくまで素揚
　　げする（a）。

2　鍋にAを入れ、火にかける。全体がなじんだ
　　ら、塩を加えてひと煮する。

3　ボウルに1を入れ、2とあえる。

牡蠣のピックル

材料（作りやすい分量）
牡蠣（むき身・加熱用）…12個
A
├ 米油…大さじ2
├ フェンネルシード…ひとつまみ
├ ターメリック…小さじ1/3
├ パプリカパウダー…小さじ1
└ チリペッパー（パウダー）…適量
OGG（p.11）…大さじ3
米酢…大さじ1
塩…適量
フェンネルの葉…適量
レモン…適量

1　牡蠣はさっと塩をふって水洗いし、ざるに上
　　げる。

2　鍋にAを入れ、火にかける。フェンネルが
　　シュワシュワッとして香りが立ってきたら、
　　OGGと米酢を加えて炒める。

3　水分がとんでトロッとしたら1の水けをきっ
　　て加え、3〜4分ほど煮る。

4　器に盛り、フェンネルの葉をのせてレモンを
　　添える。

＊　密閉容器に入れ、冷蔵庫で1週間ほど保存可。

里芋とウラッドダルのワダ

材料（4人分）
里芋…500g
にんにく…1片
ウラッドダル（豆）（p.137）…2カップ
A
├ 米粉…40g
├ マスタードシード…小さじ1
├ カレーリーフ（p.137）…ひとつかみ
└ 塩…小さじ1強
揚げ油…適量

1　ボウルにウラッドダルと水2カップを入れ、2時間
　　ほど浸す。ざるに上げ、水けをきってフードプロセッ
　　サーで攪拌し、ボウルに入れる。

2　里芋は皮をむき、適当な大きさに切ってにんにくと
　　ともにフードプロセッサーで攪拌する。

3　大きめのボウルに1、2、Aを入れ混ぜ合わせる（a）。

4　3をスプーンで丸め、180℃の揚げ油にそっと入れ
　　て揚げる（b）。きつね色になり、浮いてきたら揚げ
　　上がり。いろいろなチャトニ（p.26 〜 29）をつけて
　　食べる。

ゴーヤーのバジ*

材料(作りやすい分量)
ゴーヤー(中)…2本
塩…小さじ1
A
 ├ ベサン粉(ひよこ豆の粉)(p.137)…80g
 ├ 米粉…20g
 ├ ベーキングパウダー…小さじ1
 └ 自家製カレーパウダー(p.10)…小さじ2
揚げ油…適量

1　ゴーヤーはワタごと5mm厚さの輪切りにし、
　　塩であえる。

2　ボウルにAを合わせ入れ、1を加えて粉をま
　　とわせる(a)。水分が足りなかったら少し水
　　を足す。

3　180℃の揚げ油でまわりがカリッとするまで
　　揚げる。

* バジ:ベサン粉や米粉を衣にした野菜のフライ。

間引きにんじんと
田芋のフライ

材料(作りやすい分量)
間引きにんじん(葉つき)…200g
田芋(蒸してあるもの)…300g
塩…小さじ1
A
├ OGG(p.11)…大さじ2
├ サンバルパウダー(p.11)…大さじ1
├ ベサン粉(ひよこ豆の粉)(p.137)…大さじ5
├ 米粉…大さじ1
└ ベーキングパウダー…小さじ1
揚げ油…適量

1　にんじんの葉はかたいところを除き、ざく切りにする。
　　にんじんは細長く切る。田芋は皮ごとひと口大に切る。

2　ボウルに1を入れ、塩を加えてざっとあえる。水けが
　　出てきたら、Aを加え混ぜる(a)。

3　2を適量ずつしゃもじなどにのせ、180℃の揚げ油に
　　そっとすべらせるように入れ、揚げる。カラリときつ
　　ね色になったら引き上げ、油をきる。

田芋は沖縄では蒸した
状態で売っていること
がほとんど。それを小
分けにし、冷凍しておい
て使っています。

パニールと島菜、チャナダル

材料（4人分）
パニール＊（下記参照）…400g
島菜＊＊…2束（約600g）
シークァーサー果汁…小さじ2
A
- 米油…小さじ2
- チャナダル（豆）（p.11）…大さじ2
- にんにく（つぶす）…1片
- クミンシード…小さじ1/2
- ターメリック…小さじ1/3
- マスタードシードオイル＊＊＊…適量

塩…適量

1 島菜は1cm長さほどのざく切りにする。

2 フライパンにAを入れ、弱火にかける。香ばしい香り
がしてきたら水2カップを加え、チャナダルがやわら
かくなるまで煮る。

3 島菜を加え、塩少々をふってふたをして5分ほど蒸し
煮にする。

4 小さめのひと口大に切ったパニールを加えてざっと炒
め合わせる。シークァーサー果汁をまわしかけ、塩で
味をととのえる。

＊＊島菜：沖縄の葉野菜。からし菜の一種。

＊パニール：インドの
チーズ。牛乳をレモン汁
でかためて作る、あっ
さりとした味わいのチー
ズ。

＊＊＊マスタードシード
オイル。ちょっとクセの
ある香ばしい香りのオイ
ル。淡白な素材同士の
アクセントとしても。

紅芋の素揚げ

材料(作りやすい分量)
紅芋…200g
シナモンパウダー…適量
塩…適量
揚げ油…適量

1 紅芋は丸ごと、蒸気の上がった蒸し
　器で蒸す。粗熱が取れたら手で適当
　な大きさにさいてざるに広げて20
　分ほどおく(a)。

2 180℃の揚げ油で1を揚げる。浮い
　てきてまわりがカリッとなったら揚
　げ上がり。シナモンパウダーと塩を
　ふる。

ビーツとにんじんのポリヤル*

材料（作りやすい分量）
ビーツ…1個
にんじん…1本
米油…大さじ4
クミンシード…小さじ1/2
A
┌ ココナッツファイン…大さじ1
├ プレーンヨーグルト…大さじ1
└ ターメリック…小さじ1/3
塩…適量
にんじんの葉…適量

1　ビーツとにんじんは、1.5cm角くらいの
　　さいの目に切る。

2　フライパンに油を熱し、クミンを加える。
　　シュワシュワッとしてきたら1と塩少々
　　を加えてふたをし、蒸し炒めにする。

3　8分ほどしたらAを加え、塩で味をとと
　　のえる。あれば、にんじんの葉を刻んで
　　散らす。

＊　ポリヤル：野菜、豆の炒め煮。

ツナのカレーリーフあえ

材料(作りやすい分量)
自家製ツナ…300g
ターメリック…小さじ1/2
チリペッパー(パウダー)…少々
レモン汁…大さじ1
塩…適量
A
├ 米油…大さじ1
├ カレーリーフ(p.137)…ひとつかみ
├ 玉ねぎ…1/8個
└ マスタードシードオイル(p.78)…小さじ1

1　ツナはざっくりほぐす(a)。Aの玉ねぎは薄切りにする。

2　ボウルにツナ、ターメリック、チリペッパーを入れ、混ぜ合わせる。レモン汁を加え混ぜ、味をみて塩でととのえる。

3　小鍋にAを合わせ入れ、玉ねぎがほんのり茶色く色づき、カレーリーフがカリッとするまで火にかける(b)。

4　2に3を加えてあえる。

自家製ツナの作り方

ビンチョウマグロやメジマグロのサクに塩適量をまぶして15分ほどおく。出てきた水けをふき取り、ジッパー付き食品用保存袋に入れる。75℃くらいの湯に浸け、保温調理器に入れてひと晩おく。

島豆腐とアーサ、
ウラッドダルのフライ

材料(4人分)
島豆腐…1/2丁(500g)
アーサ＊(生)…30g
カレーリーフ(p.137)…ひとつかみ
ウラッドダル(豆)(p.137)…大さじ2
サンバルパウダー(p.11)…小さじ2
OGG(p.11)…大さじ1
塩…小さじ1
薄力粉…50g
ベーキングパウダー…小さじ1
揚げ油…適量

1　豆腐は2cm角に切る。ウラッドダルはひた
　ひたの水に1時間ほど浸し、ざるに上げて水
　けをきる。

2　ボウルに揚げ油以外の材料を入れて混ぜ合わ
　せる。

3　180℃の揚げ油に2を適量ずつ、そっと入れ、
　カラリと揚げる。

＊　アーサ：海藻。あおさのこと。

ヨーグルトとパインとしょうがのカード*

材料（4人分）
豆乳ヨーグルト…300ml
ドライパイナップル…30g
きび砂糖…大さじ1
しょうが…少々

1　すべての材料と水1カップをミキサーに入れ、攪拌する。

2　器に盛り、あればパッションフルーツを添える。

*　カード：乳製品天国のインドにおいてはミールス（南インドの食堂で出される定食）の中に必ず添えてあるヨーグルト。口直しとしても、味を変えたいときにも。

自家製豆乳ヨーグルト

カナダ人ヒッピーの旅人のおじさんからもらった菌を培養して作っている豆乳ヨーグルト。豆乳を継ぎ足し継ぎ足し、かれこれ7年くらい大事に育てている。牛乳で作るヨーグルトよりも豆っぽい味わい。ラッシーやスムージーを作るときにも愛用している。

ブロッコリーの
にんにくオイル

材料（4人分）
ブロッコリー…2個
A
├ チリペッパー（ホール）…2個
├ にんにく（薄切り）…1片分
├ クミンシード…小さじ1/2
└ オリーブオイル…大さじ3
塩…適量

1　ブロッコリーは小房に分ける。
2　鍋にパスタをゆでるときくらいの塩を加えて
　　湯を沸かし、1を1分ほどゆでる。
3　小鍋にAを入れ、にんにくがほんのり色づく
　　まで火にかける。
4　2のゆで汁をきって器に盛り、熱々の3をま
　　わしかける。

カンダバー*のサーグ**

材料(作りやすい分量)
カンダバー…ひとつかみ(約300g)
A
├ にんにく(薄切り)…1片分
├ チリペッパー(ホール)…2個
└ クミンシード…小さじ1/2
米油…小さじ2
ターメリック…小さじ1/3
塩…適量

1 カンダバーは食べやすい長さに切る。

2 フライパンに油とAを入れ、弱火にかける。にんにくがうっすら色づいてきたら強火にし、1を加えて一気に炒める。

3 全体に油がまわったらターメリックを加え、塩で味をととのえる。

**サーグ:インド風野菜炒め。

*カンダバー:さつまいものツル。カズラ、ヤサイカズラなどとも呼ばれている沖縄野菜のひとつ。空芯菜やほうれん草で作ってもおいしい。

ゴーヤーと黒ごま

材料(作りやすい分量)
ゴーヤー(中)…1本
塩…小さじ1/2
A
├ 黒いりごま…大さじ1と1/2
├ レモン汁…小さじ1
├ OGG(p.11)…小さじ1
├ 自家製カレーパウダー(p.10)…小さじ1
├ きび砂糖…ひとつまみ
└ チリペッパー(パウダー)…適量
B
├ 米油…小さじ1
└ フェヌグリーク(豆)(p.10)…小さじ1/4

1 ゴーヤーは種とワタを取り除き、薄切りにする。塩をふり、30分ほどおく。

2 Aのごまは軽くする。

3 1の水けをギュッとしぼり、Aを加えてあえる。

4 小鍋にBを入れ、火にかける。フェヌグリークがシュワシュワッとして濃いめの茶色に色づいたら3にまわしかけてざっとあえる。

手羽元のスパイス揚げ

材料（4人分）
鶏手羽元…800g
自家製カレーパウダー（p.10）…大さじ1
パプリカパウダー…小さじ1/3
カレーリーフ（p.137）…適量
揚げ油…適量
レモン…適量

1 鶏肉は海水より少ないくらいの塩けの水にひと晩つ
　け（p.12・a）、さっと洗って水けをふき取る。骨に
　沿ってキッチンバサミまたは包丁で切り込みを入れ
　る（a）。

2 ボウルに揚げ油とレモン以外の材料を入れ、手でよ
　くもむ（b）。

3 揚げ油を160℃に熱し、2の鶏肉を揚げる。表面が
　きつね色になったら一旦引き上げる（c）。揚げ油を
　180℃に上げ、さらにカリッと揚げる。カレーリー
　フを素揚げしてのせ、レモンを添える。

いろいろ野菜の
パンチフォロン炒め

材料（4人分）
新玉ねぎ（葉付き）なければ細ねぎ、菊芋、モロッコいんげん、かぶ
　…合わせて1kg
米油…大さじ2
パンチフォロン*…小さじ1/2
ターメリック…小さじ1/3
塩…適量

1　新玉ねぎ、菊芋、かぶは薄切り、モロッコいんげんは食べやす
　　い長さに切る。

2　中華鍋に油を熱し、パンチフォロンとターメリックを加える。
　　マスタードシードがパチパチはじけてきたら新玉ねぎ（細ね
　　ぎ）、菊芋、モロッコいんげん、かぶを順に加え、炒める。

3　塩をふり、ふたをして2〜3分蒸し炒めにする。天地を返し、
　　ふたをしてさらに1分蒸し炒めにする。

＊パンチフォロン：クミンシード、
マスタードシード、フェヌグリー
クなど5種のスパイスを合わせ
たインドのベンガル地方のミック
ススパイス。波羅蜜ではフェン
ネルシード、フェヌグリーク、イ
エローマスタードシード、クミン
シード、カロンジをブレンドした
ものを使用。イエローマスタード
がやや多めなのが好み。

島かぼちゃとマンゴー、チリ

材料（4人分）
島かぼちゃ＊…600g
A
├ 塩…適量
└ きび砂糖…小さじ1
ドライマンゴー（砂糖不使用
のもの）…30g
B
├ 米油…大さじ1
├ カレーリーフ（p.137）
│　　…軽くひとつかみ
├ コリアンダーシード
│　　…小さじ1
└ マスタードシード
　　　…小さじ1/2
チリペッパー（パウダー）
　　…適量

1　かぼちゃは1cmの厚さに切ってA
　　をふってざっとあえる。

2　厚手の鍋にBを入れ、火にかける。
　　コリアンダーシードとマスタード
　　シードがシュワシュワッとしてきた
　　ら1を加え、食べやすい大きさにち
　　ぎったドライマンゴーを上にのせ
　　る。ふたをして蒸し焼きにし、かぼ
　　ちゃがやわらかくなったら天地を返
　　す。

3　チリペッパーを加えてざっとあえ
　　る。

＊島かぼちゃ：普通のかぼちゃ
より少し水分が多め。島かぼ
ちゃが手に入らない場合はバ
ターナッツやその土地在来のか
ぼちゃを使っても。その場合、
2で蒸し焼きにするときに少し手
水をふって水分を足してあげる
と火が入りやすくなります。

ごぼうとカラチャナ

材料（4人分）
ごぼう…2本
カラチャナ（豆）（p.137）…1/2カップ
ドライトマト…15g
A
├ カラキの葉（p.12・b）…1枚
├ 八角…1個
└ クミンシード…小さじ1/2
米油…大さじ1
塩…適量
カスリメティ*…適量

1　カラチャナはたっぷりの水にひと晩浸す。鍋
　　に水をきったカラチャナを入れ、新しい水を
　　加えてやわらかくなるまでゆでる。

2　ドライトマトはひたひたのぬるま湯に浸けて
　　もどす。

3　ごぼうは1cm幅の小口切りにし、水にさらす。

4　厚手の鍋に油とAを入れ、火にかける。クミ
　　ンがシュワシュワッとしてきたら、ごぼうを
　　加えて4～5分炒める。

5　ゆで汁をきったカラチャナとドライトマトを
　　もどし汁ごと加え、汁けがほとんどなくなる
　　まで煮る。塩で味をととのえ、あればカスリ
　　メティを散らす。

＊カスリメティ：フェヌグリーク
（p.10）の葉のこと。燻したような独
特の香りで、チキンカレーに加えた
り、ほうれん草のカレーに入れたり
して愛用しています。

ラッシー

材料（1人分）
豆乳…150ml
A
├ レモン汁…小さじ2/3
├ ガムシロップ…小さじ1/2
└ メープルシロップ…小さじ1/4
B
├ カルダモン（パウダー）…少々
├ シナモン（パウダー）…少々
├ カラキ（パウダー p.12・b）…少々（あれば）
└ クローブ（パウダー）…少々

豆乳にAを加え混ぜる。とろっとしたらグラスに注ぎ、合わせたBを少々ふる。

チャイ

材料（作りやすい分量）
紅茶*
　…ティースプーンに山盛り1杯
A
┌カラキの葉（p.12・b）…2枚
├カラキの枝…2本
├月桃の実**…2個
├カルダモン…5粒
├クローブ（パウダー）…ひとつまみ
└カラキ（粗びき パウダー）…少々
牛乳…1カップ
きび砂糖…大さじ1

1　鍋に水1/2カップとAを入れ、火に
　かける。煮立ってからさらに3分ほ
　ど煮て火を止める。

2　紅茶を加えてふたをし、そのまま3
　分ほどおく。

3　牛乳ときび砂糖を順に加え、火にか
　ける。煮立ったら火を止め、茶漉し
　で濾す。

*　茶葉は沖縄県産B.O.Pを使用。
**　月桃：ショウガ科の植物。

作り方3の後、さらに
もう一度煮立たせてか
ら、何度か鍋に移し
替えて乳化させるとよ
りおいしい。

Today's
Special

今日のひと⊙

ほんとうによかったと思ったこと

わたしはもともとが楽観主義なので、どこに暮らそうが、きっとそこそこ楽しめるんじゃないかな、と思っている。

「ああ、沖縄に暮らしてよかった」と呟くとき、気分はポリアンナ。ポリアンナとは、昭和の時代に子どもたちがみんな夢中になって観ていた、ハウス食品提供のアニメ番組だ。主人公の少女、ポリアンナは、ここぞというときには決め台詞のように「よかった」と言うのだが、それはまるで自ら気持ちを上げているふうで、子どもながらにもポリアンナの健気さに泣けた。

沖縄に暮らして10年、「よかった」と思うことは年々確実に増えている。それは土地に慣れたとか、両親が移住してきたとか、友達が増えたとか、思い当たる理由はたくさんあるけれど、ともあれ確実に「よかった」が増している。

ここ数年、沖縄産の珈琲豆を収穫する機会に恵まれて、真っ赤に熟したコーヒーチェリーを摘みに、先日も家族総出で畑に向かった。畑の主は好奇心旺盛の農家さんで、珍しい野菜や植物の育成に挑戦しては、できたものを差し入れしてくれる。珈琲豆も、「作るのはいいんだけど、後の始末まで出来ないから自由にとっていいよ」と言ってくださる。

そんな、「夢の」（わたしたちからしてみれば）県産珈琲に、夫は嬉々として向き合って久しい。また、そんな嬉しそうな姿を見られてわたしは幸せである。

自分の手が携わったものは、なんであれ特別だ。沖縄に来てから数年は、畑を耕したり米を作ったりしたけれど、一向にうまくいかず、ほんとうにまいった。猪にじゃがいもを全部食べられたり、採れた米が虫食い跡だらけだったり、そのたびに、「生産者さんはすごい！」という想いは募る。今は、猫の額くらいのささやかな規模の畑で、ハーブや唐辛子などを植えている。でもさすが南国だけあって、パパイアだけは鈴なりで、近所にお裾分けするくらい。

「できることから」といえば、波羅蜜のメニューにあるハーブティーやハーブソーダは、そんな猫の額ほどの畑から収穫している。

思い返せば、ジャングルで暮らしてみたり、家を作ってみたり、そして子育ても、なにもかも初心者、そんな手探りの生活をなんとかできたのは、ほんとうに沖縄のおかげだと思う。

機会があったら、ぜひ沖縄にめんそーれ。ここ今帰仁は、人知れず静かなビーチが点在しているので、海を目指して気の向くままに車を走らせていれば、きっとバッチリなタイミングで海に出るはずよー。

月に一度だけ、波羅蜜が夜開店する日のメニューはこんな感じです。水餃子をハフハフ頬張っては、小皿惣菜をちょっとつまんで。普段は喫茶店だけど、この日ばかりは屋台っぽくてなんだか面白いんです。

水餃子と
中国的小皿メニュー

水餃子

皮を作る。

材料（100個分）
中力粉…1kg
塩…大さじ1
水…2と1/2カップ

1　塩と水を合わせ、塩水を作る。

2　ボウルに粉を入れ、1を加えて菜箸で混ぜる（a〜b）。

3　粉けがなくなってきたらボウルのまわりについた粉も混ぜ込み、手で練っていく（c〜d）。つるんとした感触になるまでよく練り、ひとまとめにする（e）。

4　密閉容器に入れ、冷蔵庫でひと晩ねかせる（f）。

タネを仕込む。

材料（100個分）
豚肩ロース肉（またはウデ肉）
　（かたまり）…1.2kg
A
├ にら…1/2束
├ ラード…30g
├ OGG（p.11）…お玉3杯
├ 片栗粉…大さじ1
└ 塩…小さじ1強
ナンプラー…大さじ2

1　豚肉は筋を取り除き（a）、適当な大きさに切る（b）。Aのにら
　は刻む。

2　フードプロセッサーに1の豚肉を入れ、ミンチにする（c）。

3　ボウルに2とAを入れ（d）、手でよく混ぜ合わせる（e）。

4　ある程度混ざったら水150mlとナンプラーを加え（f）、水分と
　脂分が混ざってひき肉がふわっとするまで混ぜる。

包む。

1 ひと晩ねかせたp.108の生地を包丁で4等分にする(a)。

2 まな板に片栗粉(分量外)をふり、1を包丁で2等分にし、両手で転がしながら棒状にのばし、1.5cm幅くらいに切る(b)。

3 2を丸め、めん棒で円形にのす(c〜d)。

4 3の皮にp.109のタネを適量のせ(e)、真ん中を閉じてから(f)両脇からひだを2回ずつ寄せて包む(g〜i)。

5 バットに薄く片栗粉(分量外)をふり、4を並べ入れる(j〜k)。ラップをかけて冷凍庫で冷やしかためる。

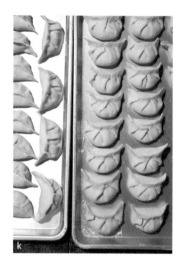

ゆでる。

1　鍋にたっぷりの湯を沸かし、パスタをゆでるときの半量くらいの塩加減にする
　（皮にほんのり塩味がつくくらい）。

2　沸騰した湯にp.111の水餃子を入れ、10分ほどゆでる（a〜b）。

3　器に盛り、好みのたれをつけて食べる（c）。

タレ、いろいろ。

ラー油（作りやすい分量）

小鍋にOGG（p.11）お玉2杯分を入れ、きつね色になるまで炒める。米油1カップ、粉唐辛子小さじ1、パプリカパウダー小さじ1/2を加え、炒め合わせる。
＊密閉容器に入れ、冷蔵庫で2週間ほど保存可。

しょうゆと黒酢

しょうゆと黒酢を各適量合わせ、針しょうがを添える。

トマトと香菜のタレ

粗みじん切りにしたトマト1/4個に塩を適量加え混ぜ、刻んだ香菜軽くひとつかみ、ラー油小さじ1、塩小さじ1/3を加えて混ぜる。

蒸し鶏～棒棒鶏

材料（4人分）
鶏もも肉…2枚（約500g）
A
├ピーナッツバター（無糖）…大さじ1
├しょうゆ…大さじ1
├きび砂糖…小さじ1
└湯…大さじ3
きゅうり…1本

1　鶏肉は塩水（分量外）に浸けて冷蔵庫にひと晩お
　　く（p.12・a）。水洗いし、筋目に切り込みを入れ（a）、
　　筋や小骨、余分な脂を取り除く。

2　蒸籠または蒸し器にレタスや白菜などの葉物（分
　　量外）を敷き、鶏肉を皮を下にして並べ入れる
　　（b）。鍋に湯を沸かし、蒸籠をのせて10分ほど、
　　鶏肉に火が通るまで蒸す（c）。

3　Aは混ぜ合わせる。

4　きゅうりはピーラーで削ぐ。

5　2を食べやすい大きさに切って器に盛り、4を添
　　えて3をまわしかける。

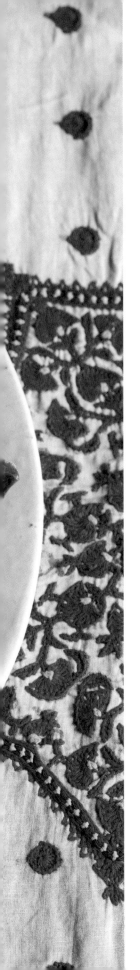

蒸し鶏〜よだれ鶏

材料（4人分）
蒸し鶏（p.114）
　…鶏もも肉2枚分（約500g）
A
├ たまり醤油（p.138）…大さじ2
├ きび砂糖…小さじ1
├ 黒酢…大さじ1
├ 紹興酒…大さじ1
├ 粉唐辛子…適量
├ 五香粉＊…少々
└ ごま油…小さじ1
ピーナッツ…大さじ1
揚げにんにく…適量

1　蒸し鶏は食べやすく切り、蒸籠に敷いた
　　葉物（分量外）ごと器に盛る。

2　ピーナッツはフライパンでから炒りし、
　　包丁で砕く。

3　ピーナッツと揚げにんにくを1にのせる。

4　小鍋にAを合わせ入れ、ひと煮する。

5　3に4をまわしかける。

＊　五香粉：花椒、クローブなどが入った中国
　　の混合スパイス。

ゆで豚もやし

材料（4人分）
豚肩ロース肉（かたまり）…400g
塩…適量
もやし…ふたつかみ
A
 ┌ 米酢…大さじ1
 │ 塩…少々
 │ きび砂糖…小さじ1
 │ ごま油…小さじ1
 └ おろしにんにく…少々
長ねぎの青い部分…適量
しょうが（皮ごと薄切り）…適量
ラー油（p.112）…適量

1 豚肉全体に塩適量をまんべんなく
  すり込み（a）、きっちりラップに
  包んで冷蔵庫にひと晩おく。

2 厚手の鍋に水3カップを入れ、長
  ねぎの青い部分としょうがを加え
  て火にかける。しっかり煮立った
  ら火を止め、1を加えて粗熱が取
  れるまでそのままおく。

3 フライパンにもやしを入れて火に
  かけ、塩少々をふってふたをし、
  3分ほど蒸し焼きにする。

4 ボウルに3を移し入れ、Aを合わ
  せて加え、あえる。

5 2を薄切りにして器に盛り、4を
  のせてラー油に塩を加えたタレを
  かけて食べる。

a

たたききゅうり

材料(4人分)
きゅうり…2本
豆苗…軽くひとつかみ
A
├ 米酢…大さじ1
├ 塩…ひとつまみ
├ ごま油…小さじ1/2
└ 青唐辛子(輪切り)…適量

1 きゅうりはめん棒でたたいてから(a)、手で
  割ったり、切ったりして食べやすい大きさに
  する(b)。

2 豆苗は根を切る。

3 1と2をボウルに入れ、Aを加えて混ぜ合わ
  せる。

干しきゅうりとあさり

材料（4人分）
干しきゅうり…軽くひとつかみ
あさり…300g
酒…大さじ1
ナンプラー…小さじ1〜2
しょうが…適量

1 鍋にあさりと酒を入れ、ふたをしてあさりの
　口が開くまで酒蒸しにする。

2 ボウルに移し入れ、蒸し汁の味をみて、ナン
　プラーで調味する。

3 しょうがは針しょうがにする。

4 2に3と干しきゅうりを加えてあえる。粗熱
　が取れたら器に盛る。

干しきゅうりの作り方

きゅうりは3等分の長さに切り、縦4等
分に切る。太かったり細かったりした方
が食感が楽しめるので、おおらかに切っ
てよし。ざるに並べ、くしゅっとしぼむ
まで天日に干す。あるいは、ディハイド
レーターなどの食品乾燥機で乾かす。

なすの西安風

材料（4人分）
なす…3本
甘長唐辛子…10本
A
├ しょうゆ…大さじ2
├ きび砂糖…ひとつまみ
└ 黒酢…大さじ1
OGG（p.11）…大さじ2
B
├ 花椒…ひとつまみ
├ クミンシード…小さじ1/2
├ 白いりごま…小さじ1
└ チリペッパー（粗びき・パウダー）…適量
揚げ油…適量

1　なすは乱切りにする。甘長唐辛子はヘタを
　　取って、破裂しないよう包丁で1箇所切り込
　　みを入れる。

2　小鍋にAを入れ、火にかける。煮立ったら
　　OGGを加える。とろんとしてきたらBを加
　　えてひと煮する。

3　180℃の揚げ油で1を素揚げする。

4　3の油をきって2に加え、あえる。

ミミガーの酢の物

材料（作りやすい分量）
ミミガー*…100g
A
├ 米酢…大さじ2
├ たまり醤油 (p.138)…大さじ1
├ おろししょうが…少々
└ 粉唐辛子…適量
ピーナッツ…適量
シークァーサー…適量

1 ミミガーは沸騰した湯にさっと通してざるに上げる。

2 ピーナッツはフライパンでから炒りし、包丁で砕く。

3 ボウルに1とAを合わせ入れ、あえる。

4 器に盛り、ピーナッツを散らしてシークァーサーを添える。

* ミミガー：豚の耳皮をゆでたり、蒸したりし、細切りにした沖
　縄の食材のひとつ。コリコリした食感がおいしい。

セイイカねぎ油風味

材料（4人分）
セイイカ＊（刺身用）…200g
A
├ 米油…小さじ2
├ 花椒…ひとつまみ
└ 長ねぎ（小口切り）…1cm分
塩…適量
たまり醤油（p.138）
　…ひとたらし
香菜…適量

1　イカは薄切りにし、器に盛り付ける。

2　小鍋にAを入れ、火にかける（a）。ねぎ
　がきつね色に色づいたら1にまわしかけ
　る。

3　塩をふってたまり醤油をかけ、ざく切り
　にした香菜を添える。

＊　セイイカ：沖縄の巨大イカのこと。なけれ
　ばイカ（刺身用）ならなんでも。

a

青パパイアと干しえび

材料（4人分）
青パパイア…1/4個
A
├ 干しえび…小さじ1
├ ミニトマト（4等分に切る）…3個
├ 赤唐辛子…1本
└ にんにく…1/2片
香菜の根…適量
B
├ ナンプラー…大さじ1
├ きび砂糖…小さじ1弱
└ レモン汁……少々
ピーナッツ…適量

1 パパイアは皮をむき、表面に包丁で切り込みを入れる。薄くむいてせん切りにし、水にさらす（a〜e）（太さがいろいろある方が食感が楽しめるのでそろえなくていい）。

2 すり鉢にAと、あれば香菜の根を入れ、めん棒でつぶす。ある程度つぶれたらBを加え混ぜ、ピーナッツも加えてめん棒で砕きながら混ぜる（f）。

3 1の水けをきり、2に加えてあえる（g）。

搾菜トマト

材料（4人分）
搾菜…100g
ミニトマト…4個
A
├ しょうゆ…小さじ1
└ ごま油…小さじ1
白いりごま…適量
塩…適量

1　搾菜は薄切りにし、水に浸して何度か水を替えながら全体的に塩けがなくなるまで塩抜きする。

2　ミニトマトは4等分に切る。

3　1の水けをきってフライパンでから炒りする。適量をボウルに入れ、Aを加えてひと混ぜする。2と白ごまを加えてあえ、ふり塩でアクセントをつける。

卵スープ

材料（4人分）
ゆで豚のゆで汁（p.118）…2カップ
たまり醤油（p.138）…小さじ1/2
塩…適量
溶き卵…1個分
長ねぎ（小口切り）…適量
豆苗…ひとつかみ
ブラックペッパー（粗びき）…適量

1 鍋にゆで汁を入れ、火にかける。煮立ったら
　たまり醤油をたらし、塩で味をととのえてか
　ら溶き卵をゆっくりまわし入れる。

2 器に長ねぎと食べやすく切った豆苗を入れ、
　1をよそい、ブラックペッパーをふる。

中華おこわ

材料（作りやすい分量）
もち米…5カップ
干しきのこ（しめじ、えのきたけ、
　エリンギなど）…合わせて30g
切り干し大根…50g
甘栗…120g
だしつゆ（p.138）…50ml
塩…小さじ1強
ごま油…大さじ1

1　もち米は洗ってたっぷりの水にひと晩つける。干しき
　のこと切り干し大根はひたひたの水につけ、もどす
　（a）。

2　中華鍋にごま油を熱し、水けをきったもち米を入れて
　炒める（b）。全体に油がまわったら水けをきった1を
　加え、もどし汁を軽くひとまわし加える（c〜d）。

3　水分がなくなってきたら再びもどし汁をひとまわし加
　え、さらに炒め合わせる。

4　もち米が透明になってきたらだしつゆと塩を加え、
　ざっと炒め合わせて甘栗を加える。

5　蒸籠にさらしや蒸し布を敷いて4を入れる（e）。鍋に
　湯を沸かし、蒸籠をのせて25分ほど蒸す（f〜g）。

＊　おこわの具はひじきやたけのこなど、そのときによってい
　ろいろ楽しんでください。

＊　だしつゆがなかったら、しょうゆ、みりん、ナンプラー
　を好みの配合にして使ってください。

波羅蜜の調味料

波羅蜜 自家製カレーパウダー

作り方はp.10を。せっせと仕込んではいつもの
プレート料理に、日々のごはんにと愛用中。9つ
のホールスパイスをそれぞれから炒りしてミル
で細かくしたものに、4種のパウダースパイスを
加えたオリジナル。いろいろ試して、今はこの
組み合わせに行きついています。お店でも時々
販売中！

パッションフルーツ、マンゴー、
パイナップルのジャム

マンゴーとパイナップルの季節になると、ドラ
イにして、そのときの気分で調合を決めて仕込
んでおく、トロピカルなジャム。ソースのよう
でもあるし、チャトニのようでもあるし、その
ままスプーンですくって一口なめればスイーツ
のようでもある代物。トーストしたパンに厚め
に切ったバターをのせてこれをたらせば、もう
ごちそう。ヨーグルトやアイスクリームにもも
ちろん！　合わないわけがないスペシャルなト
ロピカル瓶。こちらは私がそのときの気分によっ
て作るので、レシピはありませんが、時々、店
内の売店にて販売しております。

花椒オイル

これもまた、気分次第でスパイスを合わせ、仕
込んでいるオイル。必ず入れるのは花椒と島に
んにく、米油。ゆで鶏、ゆで豚、中華麺にたら
〜りとするだけで、おいしいひと皿の出来上が
り。コクとうま味、スパイシーな味わいをプラ
スしたいときに。これも店内の売店にて時々販
売中。

愛用のスパイスと調味料

インドに惹かれ、旅を重ね、少しずつ手元に集まってきた豆類やスパイス類。
次はこれとこれ、今度はこれも加えてみようと、お店が終わってから、あれ
やこれやと組み合わせを考えるのが何より楽しい時間です。

豆類、ハーブ、米など

1　マスタードシード（ブラウン）:
油と火にかけると、マスタード特有
の刺激ある香りが広がる。りんご酢
に漬け込んで、自家製マスタード作
りにも。

2　赤レンズ豆（ダール）:インド料
理によく出てくる豆。皮なしは浸水
の必要がないので便利。緑豆、黄豆
など、料理で使い分けている。離乳
食にもよく使っていました。

3　イエローマスタードシード:ベ
ンガル地方のミックススパイス「パ
ンチフォロン（p.96）」を使うとき一緒
に使用する。刺激的な香りが食欲を
誘う。

4　ニゲラ:ニゲラの花の種。まる
で木のような香り。「パンチフォロ
ン」に使われるスパイスのひとつで
もある。揚げ衣の中にちょっと加え
たりしてアクセントに。

5　カラキの葉:オキナワニッキの
葉で、シナモンのような香りがする
もの。煮込み料理に使うとほんのり
甘い香りが加わる。波羅蜜ではチャ
イにも使用。

6　クローブ:歯が痛いときにこれ
を突っ込むのはインドの民間療法。
波羅蜜では主にチャイに使用してい
る。

7　フェンネル:ウイキョウ。沖縄
では葉の方をイーチョーバーと言
い、魚のカレーやえびカレーなど魚
介のカレーによく使われる。生臭さ
を消す作用もある。サルシッチャに
使うことも。

8　カルダモン:高貴な香り。チキ
ンカレーに加えるとたちまち本格的
な味わいにグレードアップする。さ
つまいもとカルダモンを一緒に煮て
デザートにしたりも。

9　緑レンズ豆:緑の野菜のダール
（スープ）を作るときに欠かせないも
の。

10　ウラッドダル：白レンズ豆。里芋とウラッドダルのワダ（p.72）やドーサ（インドのクレープ状の料理）などに使用することが多い。発酵させて使うとチーズっぽくなる。

11　カレーリーフ：インド原産のナンヨウザンショウ。波羅蜜では生のものをカレーをはじめ、揚げ物をするとき一緒に揚げたり、さまざまな料理に使用している。南インド料理に欠かせないハーブ。

12　カラチャナ：黒ひよこ豆。ワイルドで個性が強い野菜のつなぎの役目にもなる豆。八角を合わせても負けないくらいしっかりした味わい。

13　緑豆：もやしを作る豆。ダールスープや発芽させ、サラダにしたりして使う。

14　ヒング：独特のコクと香りを出す樹皮を粉末にしたもの。南インド料理に多用されるスパイス。熱を通して使用する。

15　バスマティライス：細長いインドの米。香りがいい。食感がパラパラしているので、波羅蜜ではうるち米と合わせて炊くことが多い。

ココナッツミルク 、豆粉など

1　タイ産の「果肉100％タマリンド」：ぬるま湯でもどしてピュレにして使用。主にサンバルやラッサムを作るときに。

2　スリランカ産「COCOMIのココナッツミルク」：200mlというサイズが使いやすい。カレーはもちろん、ダールを作るときに。

3　OGG：p.11でも紹介している私のカレーのもと。玉ねぎ、しょうが、にんにくと水を合わせてペースト状にしたもの。炒め物やピックルにも。

4　ベサン粉：ひよこ豆の粉。特にインド風かき揚げのときによく使う。グルテンフリーの方にもおすすめ。私は米粉とベーキングパウダーを合わせて天ぷら粉のようにして使用。カレーに加えるとほんのり甘みのある自然なとろみがつきます。

唐辛子いろいろ

唐辛子には目がない私です。我が家の小さな菜園でいくつか栽培しているものもありますが、近所の農家の方にお願いして作ってもらっているものも。一言に唐辛子と言いますが、いやいや本当にいろいろな種類と味わいがあります。料理によって使い分けていますが、気分で決めることもままあり。下から一番辛い丸くて真紅な色の「ブンドゥチリ」は南インド料理に。大きいけれども辛くない「カシミールチリ」は、香ばしさや色味をつけたいときに。器に入った小さな唐辛子は「メキシカンチリ」。極小サイズがすごく可愛いです。そして中華や和食には「鷹の爪」。これも我が家に欠かせない唐辛子です。

レモングラスオイル

妹が大分の耶馬渓で営んでいる「Sardinas」という料理教室とレストランのオリジナルオイル。レモングラスに上質の菜種油としょうがに、にんにく、タイ産のバイマックルーを合わせた、なんでもエスニックにしてくれるオイル。タイカレーやマリネに。これひとさじで、いつもの料理にコクと風味が加わります。

定番 調味料いろいろ

1　ここ最近はもっぱらこれ。「韓国 新安郡の塩」。三枚肉や魚を焼くときなど、素材のうまみを引き出してくれる。これ以外には沖縄のシママースと岩塩を使用。

2　オーストラリアやメキシコの天日塩のにがり成分を極限まで落として、にがり分の少ない岩塩とくん液を加えた真生塩を使用してつくられた三重県 ヤマニ醸造の「たまり醤油」。保存料、着色料、甘味料一切不使用。豆からにじみ出た自然の甘みとコクがいい感じ。普段使いのしょうゆに少しプラスして使ったり、このまま麺つゆとしても愛用しています。

3　普段使いは島根の大正屋醤油店の「国内産丸大豆醤油」。島根県産の大豆に小麦、天日塩を加え、杉桶で仕込むこと1年6ヶ月。昔ながらの天然醸造ならではのまろやかな味わいが気に入ってもう何年も使い続けいています。

4　石川県の鳥居醤油店の「だしつゆ」は、淡口しょうゆをベースに昆布、かつお、しいたけをふんだんに使った濃縮タイプのだししょうゆ。

友人が送ってくれた、神奈川県三崎のツナスタンドのマグロしゃぶしゃぶセットのだしがおいしくて。それがこのだししょうゆだったんです。それ以来手放せなくなってしまい、おこわを炊くときや卵焼きを作るときにも重宝しているもの。まさにだしいらず。これだけで味がキマる優れもの。

5　ずっと昔から愛用している岐阜県 内堀醸造の「臨醐山 黒酢」。揚げ浸しを作るとき、水餃子のときには針しょうがとともに必ずこれ。欠かせません！　原材料米100％のみ。そのまま飲めるというだけあって、やわらかな酸味が特徴的。それでいてコクがあるのがいいんですよ。

6　ツンとしない優しい味わいが、料理にやわらかな酸味を加えてくれる京都の「玉姫酢」は、友人がこの醸造所のすぐ近くに住んでいることから使い始めたもの。三杯酢が必要なときは、いろいろ加えることなく、これをそのまま使用。そんな便利な酢でもあります。パッケージも優しげで美しい。

おわりに、"パラミツ"はカフェです、という自己紹介を兼ねて。

パラミツとは果物のジャックフルーツのこと。主に東南アジアでよく見かける大きな木の実で、個性強めの香りとプロトタイプなフォルムが印象的な果物。よく旅したタイやベトナムでの街の風景の一部としても、あの独特の場を一瞬にして支配する程の芳香と、和の味覚との折衷感、難儀そうなパンチの効いた甘味も唯一無二。そんな個性派がなんとここ沖縄にもあると知ったのは移住して間もない頃、車内のラジオから「はーい、今日はですねぇ、ヤンバル（山原）のオーシッタ（大湿帯）で出来ました非常に珍しい果物、"パラミツ"のご紹介に〜、」の瞬間だった。えーっ、沖縄にもあるんだねー！ってところから、頭の片隅には単語としていつもちらっとあった。実際に、お店を始めるまでの約5、6年の間に食べる機会があったのはたった一度だけ。普段の暮らしのなかではそうそう登場しない代物を、お店の名前にしてからは、地元沖縄の人もまさかの半数以上が「パラミツって何ですか？」っときた。

お店の名前は果物の名前くらいがいいよ、なんてキコが開業前に最初につけたのが、ウォーターメロン。実はここ今帰仁村は、スイカの名産地として有名（当時の村長は観光課が企画したスイカキャップを毎日被っていたほど）だからと、"ウォーターメロン"はどうよくらいの熱量ではじまり、友人にアドバイスを乞うも、暫く考えて「逆に新しいかも」などの際どい反応が続き、ならばということで降りてきたのが"パラミツ"だった。

さらにパラミツをググると漢字表記で"波羅蜜"とあり、その意味は仏教用語としての由緒ある古代インドのサンスクリット語が起源となる、とっても深い深い前向きな言葉だった。発音表記には"paramita →パーラミター"なので、せっかくだからそのリズムもそのままにアルファベット表記は発音記号を引用することにした。

約2000年前の言葉が一つは仏教用語、もう一つは果物の名前となって海と陸を旅して来た先がここ沖縄。ある意味、自分たちも海を渡り、移り暮らしている場所が沖縄という繋がりから御縁を思い重ね、勝手に前向きに捉えている。まだまだ、この言葉の真意を宣うなど論の外で足元にも及ばないかもしれないが、この島での生活も今年で10年になる。それなりに得難い素敵な経験や気付き、出会いがあり、どれも掛け替えのない財産だし、これからの時代に不可欠なセーフティーネットになったともいえるだろう。

特に最初の森の中で暮らした５年間は、たとえるならば宝石のようなもので、磨けば光放ち、怠ければ闇に包まれてしまう、すべて結果は自分次第な毎日だった。ここでその辺りの詳細を記すには言葉とページが追いつきそうにないほどの時間を家族で力を合わせて過ごした。

自分たちに本来備わっている"人間力"的なものといつも向き合っていないと、中々立ち行かないことが多い、失敗と模索の日々のなかで、少しずつ今までの"設定"みたいなものが次々と外れていくのが心地よかった。特に子供たちの環境への順応はしなやかで、親の方が大体においてガチガチ。森の中のような自然に身を置くとその姿は明白になる。

じっくりと、楽しく沢山のことに挑戦させてもらった森での生活は、自分にとって、一度手放したからこその、思いへの再確認の場ともなった。好きなこと、やりたいことが余計にはっきりと明確になっていく。

パラミツをはじめるにあたって「どうしてまたカフェなのか」と尋ねられることがあるが答えは簡単、
「これが好きで、これしか出来ないから」
またこうして家族でカフェを営める日々が本当にありがたいと思う。

最後にこの本の制作にあたり、カメラマンの広瀬貴子さん並びに編集の方々、ご尽力くださったすべての方々に心から御礼を申し上げます。

特に撮影時、快くご協力くださったイレギュラーイン代表のムロタ君にこの場をお借りして感謝の意を表します。ありがとうございました。

そして、今回およそ10年ぶりとなる根本きこ、赤澤かおりコンビの撮影時のお互いの長年培った、信頼感溢れるやり取りに、沖縄でまたこうして立ち会うことが出来て、本当に嬉しかったです。

波羅蜜　店主　西郡潤士

廃鶏カリー
島豆腐とチャナダル
ほうれん草のワダとココナッツチャトニ
島かぼちゃのチャトニ
四角豆とスナップエンドウ、
じゃがいものマサラ
バスマティライス入り「ヤーマンライス」

ビーツと人参
青菜のピュレと赤じゃがいも
ディル
ワダ
ココナッツと豆乳ヨーグルトチャトニ
＆トマトチャトニ
豚肉のカレー
サンバル
バスマティライス入り「ヤーマンライス」

青大豆といろいろ野菜、
パインのコスマリ
小松菜ソテー
赤玉ねぎと青唐辛子、
豆乳ヨーグルトのパチャディ
青バナナのココナッツシチュー
ゆで玉子のマサラ
揚げ茄子と豚ひき肉のキーマ
バスマティライス入り「ヤーマンライス」

いろいろな大根とりんごのアチャール／チキンピックル／じゃがいもと青唐辛子のボンダ／ミントとコリアンダー、ディルのチャトニ／ココナッツと島豆腐塩糀漬けのチャトニ／ドーサ（米と豆のクレープ）／カリフラワー、大根、豆、ココナッツのシチュー／パプアニューギニアの天然海老とトマトのカレー／タイ米入りごはん

黒ひよこ豆と八角、クミン、
バナナの花のワダ
名護産ピーナッツのチャトニ
スターフルーツとパイン
ダールは緑豆／サンバル
バスマティライス入り「ヤーマンライス」

ししとうといんげんのスパイス炒め
大根と青唐辛子のアチャール
ローゼルのアチャール
ビーツとチャナダル炒め／とうもろこし／フライはゴーヤー、島豆腐
マスールダールといろいろ野菜のカレー／パプアニューギニアの天然海老／ライス／フレッシュコリアンダー、揚げ玉葱

モーイ（赤毛瓜）と赤玉ねぎ、青唐辛子のアチャール
人参とビーツのポリヤル
四角豆とオクラのバジ／ココナッツチャトニ／小松菜とダールのサンバル／島かぼちゃ、なす、シシトウ、エリンギ
なすと鶏ひき肉のキーマ
バスマティライス入り「ヤーマンライス」

ししとうのスパイス炒め／ナーベ
ラーととんぼマグロ／きゅうりと豆
乳ヨーグルトのモール／ビーツのパ
パド／赤瓜と赤レンズ豆／さつまい
ものカレー、レモングラス風味／モ
ロヘイヤとパニール、クミンのかき
揚げ
ターメリックライス／バスマティラ
イス入り「ヤーマンライス」

ナーベラーのアチャール
ルッコラのサラダ／チャットマサラ
ひよこ豆とカンダバーのマサラ
里芋とウラッドダルのワダ／ココ
ナッツチャトニ
冬瓜、オクラのサンバル
豚肉とコリアンダーのカレー
バスマティライス入り「ヤーマンライ
ス」

大根のアチャール
キャベツとディルのポリヤル
じゃがいもと厚揚げ、ささげ、ちり
めんじゃこ
シビマグロのピックル
ゴーヤーフライ／ミントと香菜、青
唐辛子のチャトニ
なすのサンバル
ターメリックライス

リーフレタス、ブロッコリー、いん
げん、ハンダマ、小かぶ、紅芯大根
のサラダ
カリフラワーと新じゃが、とんぼマ
グロ、アイオリ
島かぼちゃとにんじんのポタージュ
ドライカレー
ターメリックライス

きゅうり、チャナダル、岩塩、ライム、
青唐辛子／オクラとフロー豆のポリ
ヤル／青バナナフライ／きびなごの
アチャール／ドラゴンフルーツと豆
乳ヨーグルト、ミントのモール
ナーベラーとバジルのサンバル
ダール／ココナッツミルク
バスマティライス入り「ヤーマンライ
ス」

椎茸とキブイ貝のアチャール
菊芋、小ねぎ、かぶの葉
パンチフォロン
オクラのサブジ
きゆな牧場のパニールのフライ
サンバル／なす、かぶ
豚肉とチャナダルのキーマカレー
バスマティライス入り「ヤーマンライ
ス」

カリフラワーとココナッツ
サンバル
紅大根ライタ
ワダとココナッツチャトニ
とんぼマグロとカレーリーフ
なすのマサラ
バスマティライス入り「ヤーマンライ
ス」

ゴーヤーと黒胡麻のアチャール／し
しとう、オクラ、チャナダルのマサ
ラ／芋のクミン炒め／干し鶏肉のサ
ンボーラ／焼きなすのチャトニ／島
豆腐とモロヘイヤ、カレーリーフの
フライ／赤レンズ豆／ダール／里芋、
ナーベラー、なす、ココナッツミル
ク／バスマティライス入り「ヤーマン
ライス」

根本きこ
Kico Nemoto
波羅蜜 料理担当。2011年、ご主人と切り盛りしていたカフェ「coya」を閉め、長年暮らした神奈川県・逗子から沖縄へと移住。以来、沖縄に根を張る。小さかった2人のお子さんはティーンエイジャーに、さらに家族がもう1人増え、にぎやかに暮らしている。2018年、沖縄・今帰仁にカフェ「波羅蜜」を家族とともにオープン。その味を求めて地元をはじめ、全国各地から通うファンも多い。
インスタグラム→paramitaplate

沖縄 今帰仁「波羅蜜」の料理

カレー、ときどき水餃子

2021年3月11日　初版発行
2024年5月25日　再版発行

著者／根本きこ

発行者／山下 直久

発行／株式会社KADOKAWA
〒102-8177　東京都千代田区富士見2-13-3
電話0570-002-301（ナビダイヤル）

印刷所／TOPPAN株式会社